Basteln mit Wäscheklammern

Der Griff in Mutters Korb nach ein paar hölzernen Wäscheklammern war purer Zufall. Was läßt sich damit machen? Natürlich etwas festklemmen! Etwa ein Notizzettel. Oder auseinandermachen: aus eins wird drei. Die Feder vergessen wir, aber mit den zwei so eigenartig geformten Holzteilen muß sich etwas machen lassen. Man dreht sie hin und her, sucht und findet Ansatzpunkte. Ideen werden wach. Und plötzlich sagt einer am Tisch „Aha". Wäscheklammerteile her. Ganze Berge. Weil's Spaß macht.
Wer wollte da nicht mitmachen?

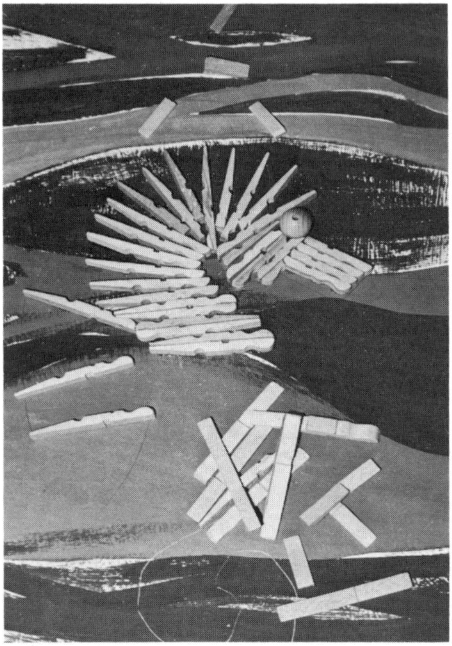

Titelbild „Seepferdchen"

Schiebt man die Wäscheklammern, einzeln oder als Paar, spielerisch hin und her, kann sich plötzlich der Ansatz zu einem Bild zeigen. So entstand auch dieses Seepferdchen. Der gemalte Hintergrund läßt das Meer ahnen. Das kräftige Blau bildet einen guten Kontrast zu dem hellen Holz und bringt so die Form besser zur Geltung. Es gibt noch viele Möglichkeiten, solche Bilder zu gestalten, die als origineller Wandschmuck lang erfreuen.

Sind alle Teile richtig geordnet, werden sie einzeln hochgenommen und auf den bemalten Karton geklebt. Besonders witzig ist hier die Verwendung einer Holzkugel als Auge.

Anregungen für Motive finden sich überall.

Vogelhäuschen

Der Unterbau: jede Seite ist zwei Wäscheklammern lang. Nach diesem Maß sägen wir ein dünnes Brettchen quadratisch. Die Seitenwände werden paarweise und versetzt aufgebaut. Wichtig sind große „Eingänge", damit die Vögel nach allen Seiten Ausschau halten können.

Das Dach: zwei Wäscheklammern werden der Länge nach, etwas ineinandergeschoben, zusammengeklebt. Vorne und hinten wird das Dach verstärkt. Das Bild zeigt deutlich wie der First entsteht. Zum Schluß eine einfache Verzierung mit einem Brennstempel.

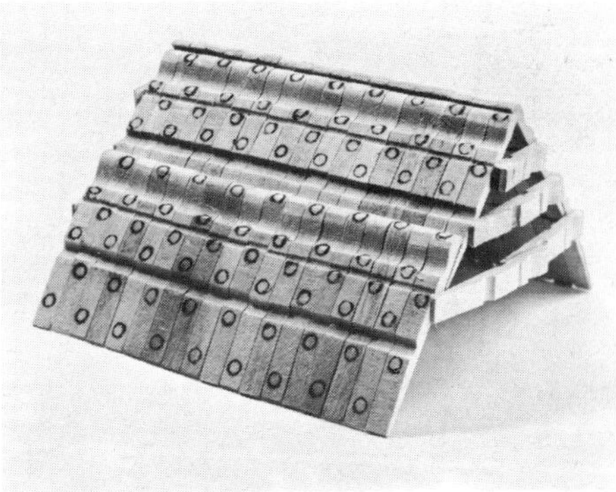

Eine Halskette für die kleine Petra

Schmuck aus Wäscheklammern muß originell sein. Man findet viele Möglichkeiten, durch Farbe und Form einfachen Schmuck sehr dekorativ zu gestalten.

Diese Halskette besteht aus farbigen Holzperlen. Vorne wurden zusätzlich 5 Wäscheklammern eingefädelt. Damit die Kette gefälliger wirkt, kürzen wir die beiden äußeren Klammern.

Wichtig ist bei einem solchen Schmuck das zusätzliche Dekor. Alle 5 Klammern werden gleich verziert: ein einfaches Muster eingebrannt und ein roter Punkt.

Blumentopfhalter

Für dieses Modell wird die Rückwand zunächst aus Sperrholz gesägt. Auf die Vorderseite klebt man die genau nach Maß zugesägten Klammerstücke. Der Halter für den Blumentopf wird auf der Rückseite durch einen Blechstreifen verstärkt. Unser Foto zeigt wie dies gemacht wird.

Blumenhänger

Ein leicht herzustellendes Modell, mit dem Kinder gern ihre Großmütter und Tanten erfreuen.

Blumenwagen

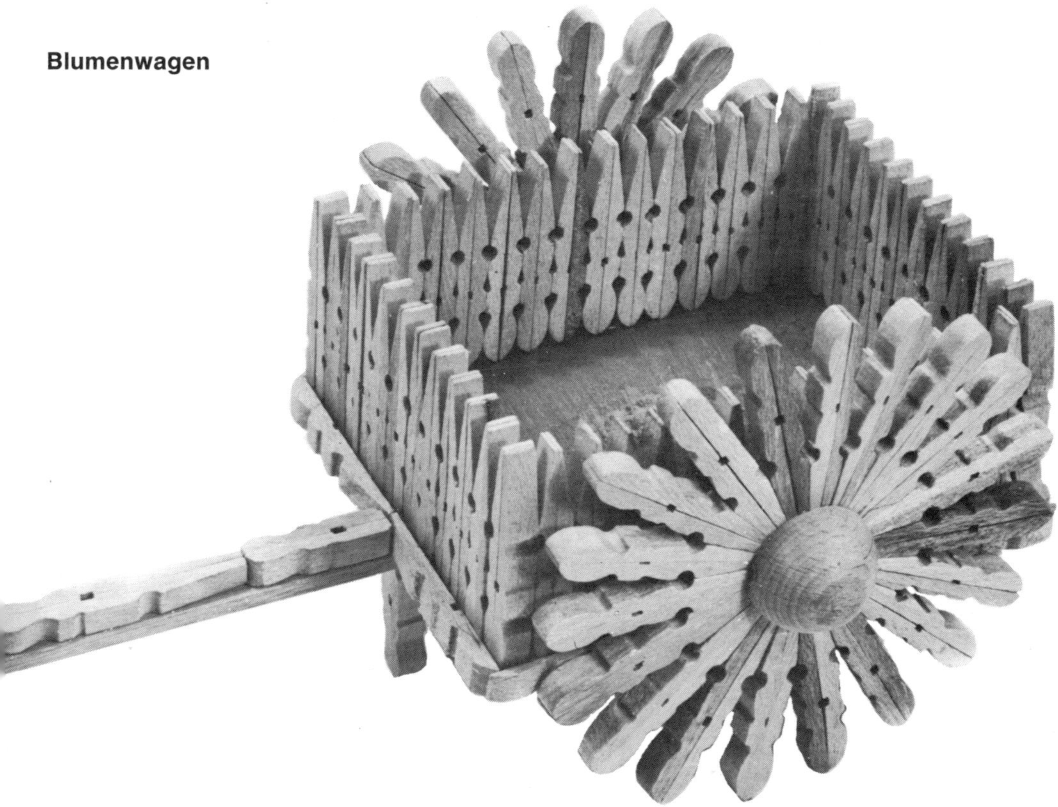

Wir brauchen dazu 180 halbe Klammern, die wir zuerst paarweise zusammenkleben. Es sind 4 Seitenwände: zwei mit je 12 und zwei mit je 14 Klammern. Nach dem Austrocknen werden sie auf einen Sperrholzboden, etwa 14 x 18 cm geleimt. Anschließend wird um den Kasten eine halbe Klammernreihe in Höhe des Sperrholzbodens horizontal herumgeleimt, wobei für die Räder auf jeder Seite etwa 7 cm freibleiben müssen.

Die Deichsel ist ein Stück Holz, etwa 24 x 1,3 x 0,5 cm; sie wird unter den Kasten geklebt. Auf das oben sichtbare Teil kommen 2 Klammern.

Die Räder sind: 19 Wäscheklammern im Kreis angeordnet. Der in der Mitte frei bleibende Kreis wird mit einer halbkreisförmigen Sperrholzscheibe, etwa 7 cm, zugeklebt. Auf die Klammern leimen wir außen eine Holzhalbkugel, etwa 4 cm Durchmesser.

Nachdem die beiden Räder an den Kasten geleimt wurden, leimen wir noch unter die Deichsel ein Stück Klammer als Standbein.

In den Wagen kleben wir Blumensteckkitt, der das Anordnen von Trokkenblumen erleichtert.

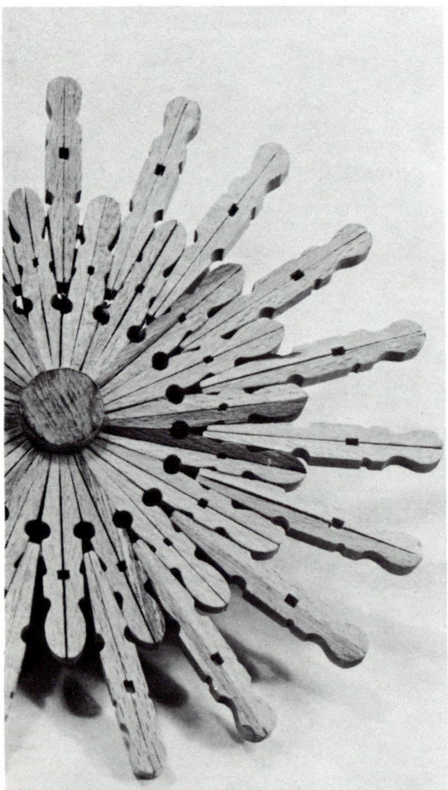

Beginnen Sie mit einer Rosette

Reiht man die schrägen Flächen am unteren Teil der Wäscheklammern aneinander — wie Zeichnung und Fotos zeigen — ergibt sich ein Kreis mit einem freien Raum im Mittelpunkt.

In die sich außen ergebenden Zwischenräume lassen sich weitere Klammern einstecken.

Rosetten sind eine Grundform für viele hübsche Modelle, zu denen Sie hier viele Anregungen finden. Sicher macht es Ihnen Spaß, eigene Ideen zu entwickeln.

Kerzenuntersatz

Dieses Modell besteht aus zwei aufeinandergeklebten Rosetten. Bei der oberen Rosette bilden — im Gegensatz zu der unteren — die Kopfteile den Mittelpunkt.

Beim rechts gezeigten Modell wurden die Klammern auf den Rand eines einfachen Holztellers geklebt.

Bemalter Untersetzer

Die Rosette eignet sich als Grundform für viele Modelle. Hier entstand ein bunt bemalter Untersetzer, der auch als Geschenk überall willkommen sein wird.

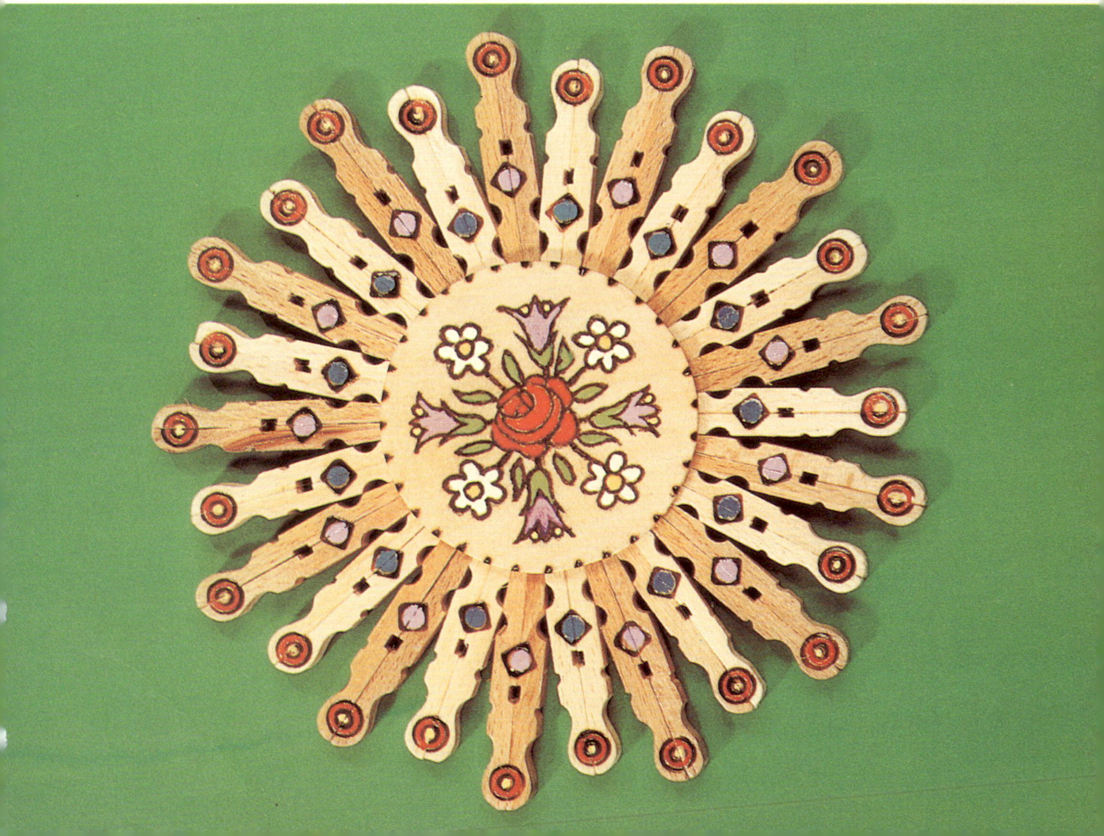

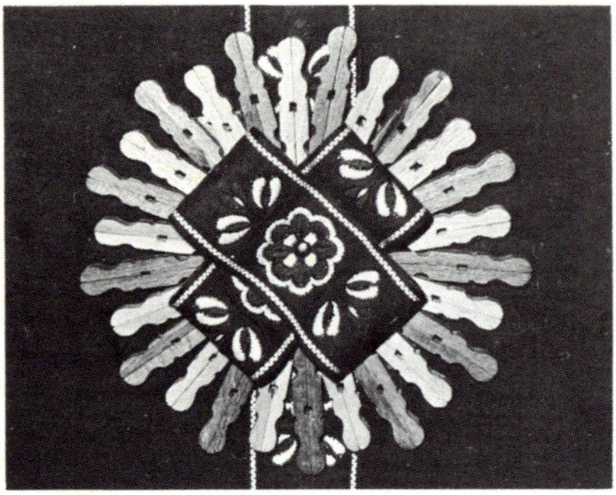

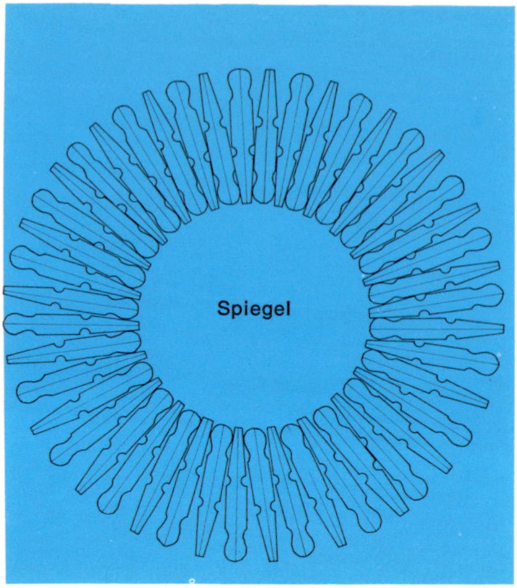

Rosette mit Trockenblumengesteck
Sehr hübsch wirkt die Verbindung von Naturholz mit bunten Strohblumen. Ein beliebter Zimmerschmuck.

Wandspiegel
Auch dieses Modell ist einfach zu fertigen. 46 Wäscheklammern werden wechselseitig zu einem Rad angeordnet. In die Mitte wird der Spiegel geleimt.

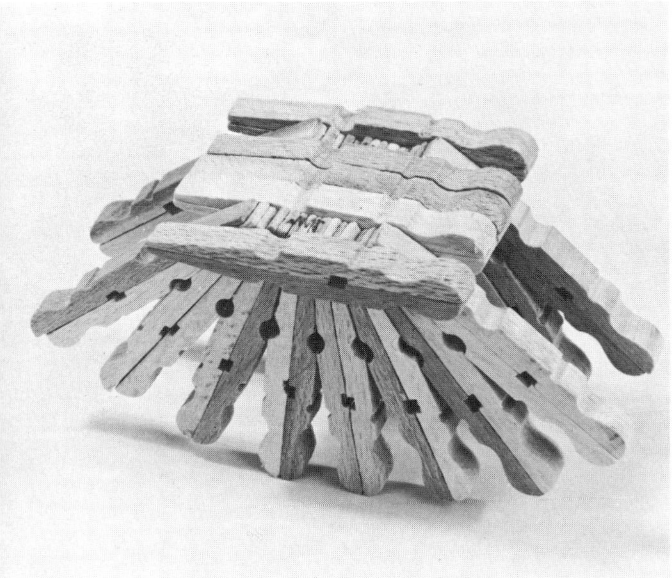

Serviettenständer
Für den oben gezeigten Serviettenständer brauchen wir einen Boden aus Sperrholz, 185 x 55 mm. Darauf werden die Seitenteile geleimt: jeweils 14 Klammern. Ein Sperrholzstück, etwa 40 mm Durchmesser, deckt die Mitte ab.
Das untere Foto zeigt einen wesentlich einfacher gebauten Serviettenständer. Zum Fotografieren wurde er auf den Kopf gestellt, damit der Aufbau sichtbar wird.
Auf die Verzierung sollte man bei solchen Modellen besonderen Wert legen.

Brennen, bemalen, lackieren . . .

Viele Modelle wirken auch unbemalt hübsch: das helle Holz unterstreicht die rustikale Note, auch kontrastiert es gut zu einem dunklen Hintergrund. Trockenblumengestecke und ähnliche Beigaben passen ebenfalls gut dazu. Wer aber außer einem leichten Farbton, der durch Beizen erzielt wird, sein Modell recht attraktiv schmücken möchte, hat u. a. folgende Möglichkeiten:

1. Brennen mit Brennstempel. Es gibt dafür spezielle Brenngeräte mit einer großen Auswahl an Brennstempeln. Tips für das Brennen von Dekoren enthält das Buch „Brandmalerei" von Rudolf Lumm (Verlag Frech). Gebrannte Dekore können zusätzlich ausgemalt werden.
2. Bemalen mit Hobbyfarben. Die hier gezeigten Vorschläge wollen dazu anregen, für das Modell die passenden Dekore selbst zu entwerfen. Die einfachste Art: Oberfläche der Klammern bemalen, farbiges Papier im Bürolocher stanzen, die runden Abfälle zu Dekoren zusammenkleben.

Dekore können auch direkt auf die Klammern gemalt werden. Mit ein wenig Übung im Umgang mit Farbe und Pinsel lassen sich bald gute Resultate erzielen.

Zum Schluß empfiehlt es sich, farblos zu lackieren: zum Schutz, aber auch weil die überlackierten Farben frischer wirken.

Originelle Stühle und Schubkarren

Diese Modelle sind ein beliebter Zimmerschmuck, an dem viele Gefallen finden. Das bunte Trockengesteck ist dabei ein wichtiges Dekor.

Es ist erstaunlich, mit welchem Eifer nach Lösungen gesucht wird, um auch kompliziert erscheinende Gegenstände mit Wäscheklammern nachbauen zu können.

An zusätzlichen Verzierungen: Ornamente einbrennen oder bunt aufmalen, sollte man es nicht fehlen lassen.

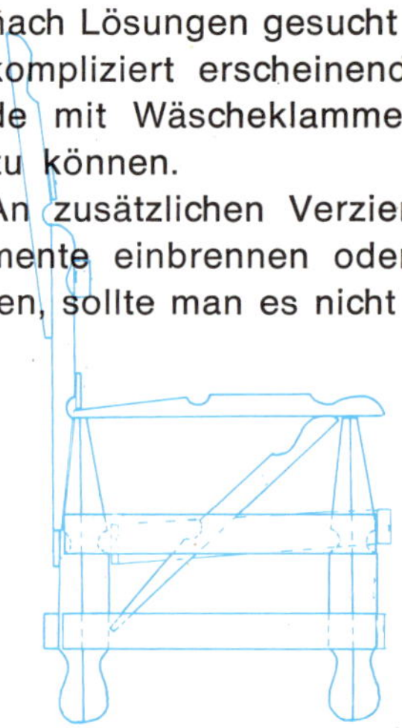

Schubkarren
möglichst originell gebaut, sind ein beliebtes Spielzeug, besonders wenn sich das Rad dreht — und Kinder beim Basteln mithelfen durften.

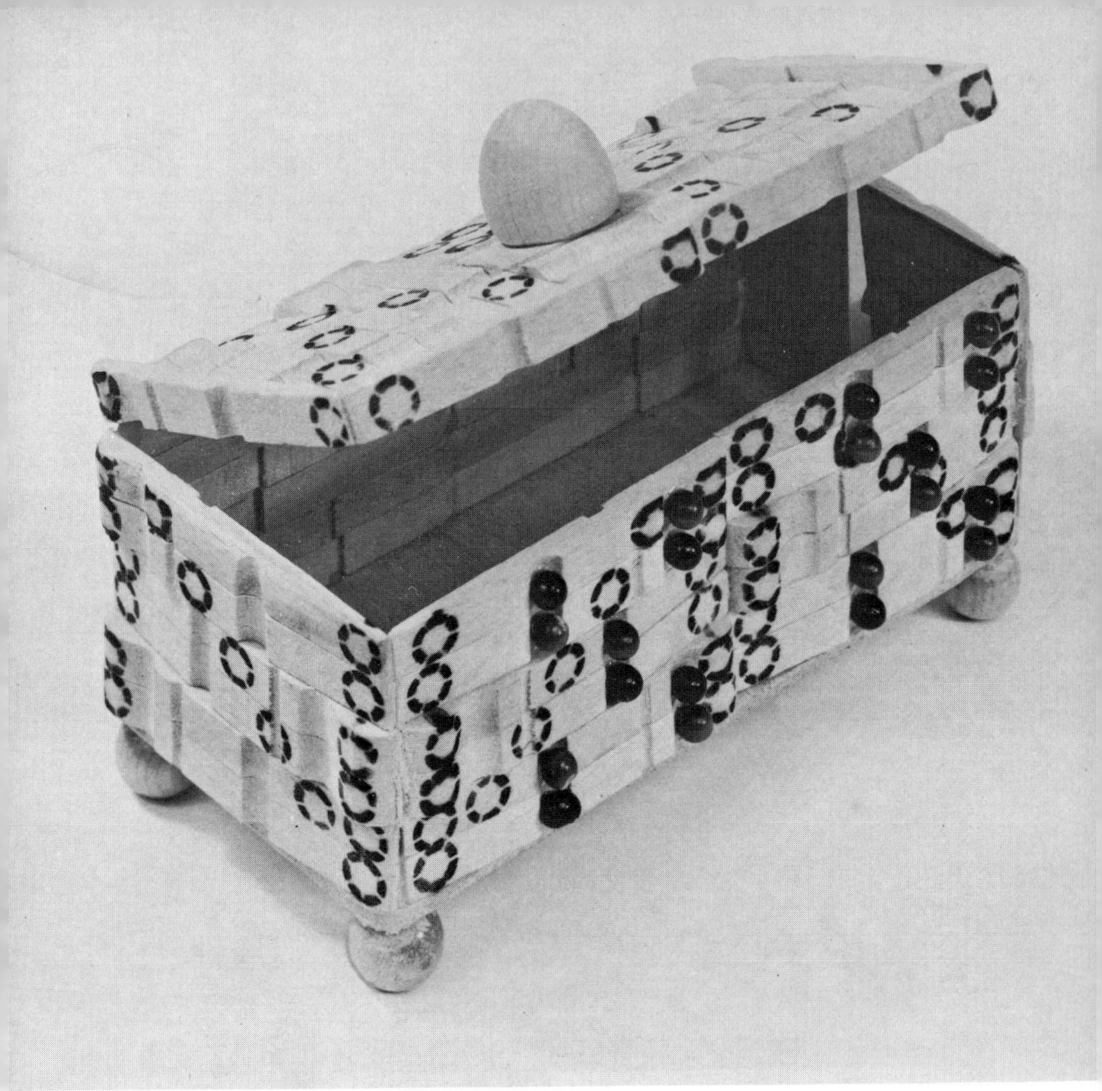

Schmuckkasten

Wir brauchen dazu: 52 Halbklammern, 1 Sperrholz 15 x 7,5 cm, 5 Holzkugeln 16 mm Duchmesser, 2 Scharniere.

Für Vorder- und Rückwand leimen wir jeweils 12 Halbklammern an der Schmalseite zusammen. Für die Seitenteile brauchen wir je 6 Halbklammern. Die 4 Wände werden auf die Sperrholzplatte geklebt, dabei zeigen die Profile nach außen. Der Deckel (12 Halbklammern + 4 Halbklammern für die Einfassung) wird mit den beiden Scharnieren an der Rückwand befestigt. 4 Holzkugeln dienen als Füße; eine weitere Kugel bildet den Griff.

Ein solcher Schmuckkasten sollte reich verziert werden.

Bilderrahmen
Ein Bilderrahmen darf in Form und Farbe recht originell sein. Nach einiger Überlegung kommt man auf ganz erstaunliche Lösungen.

Gartenbank
Auch für eine Gartenbank, unser Modell ist grün angemalt, kann man moderne Formen und originelle Konstruktionen ausknobeln.

Dorfbrunnen
Mit Blumen besteckt ist er ein hübsches Geschenk.

Puppenmöbel
Auch Puppenstuben werden heute rustikal eingerichtet.

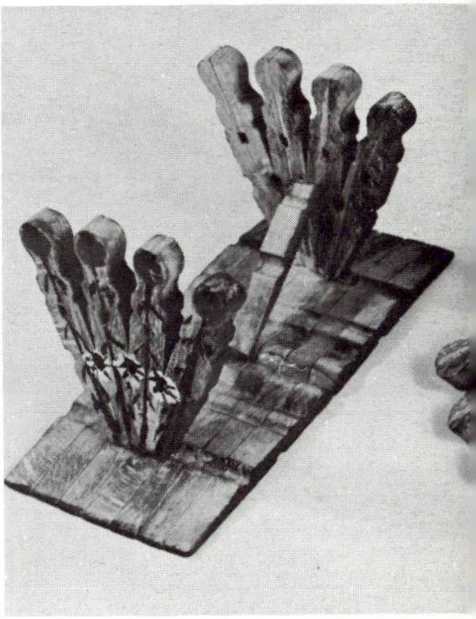

Schlitten für den Weihnachtsmann
Ein leicht zu bauendes Modell. Die beiden Seitenteile — das Bild zeigt wie sie zusammengesetzt sind — werden mit den jeweils 5 Klammern von Sitz und Rückenfläche verbunden.

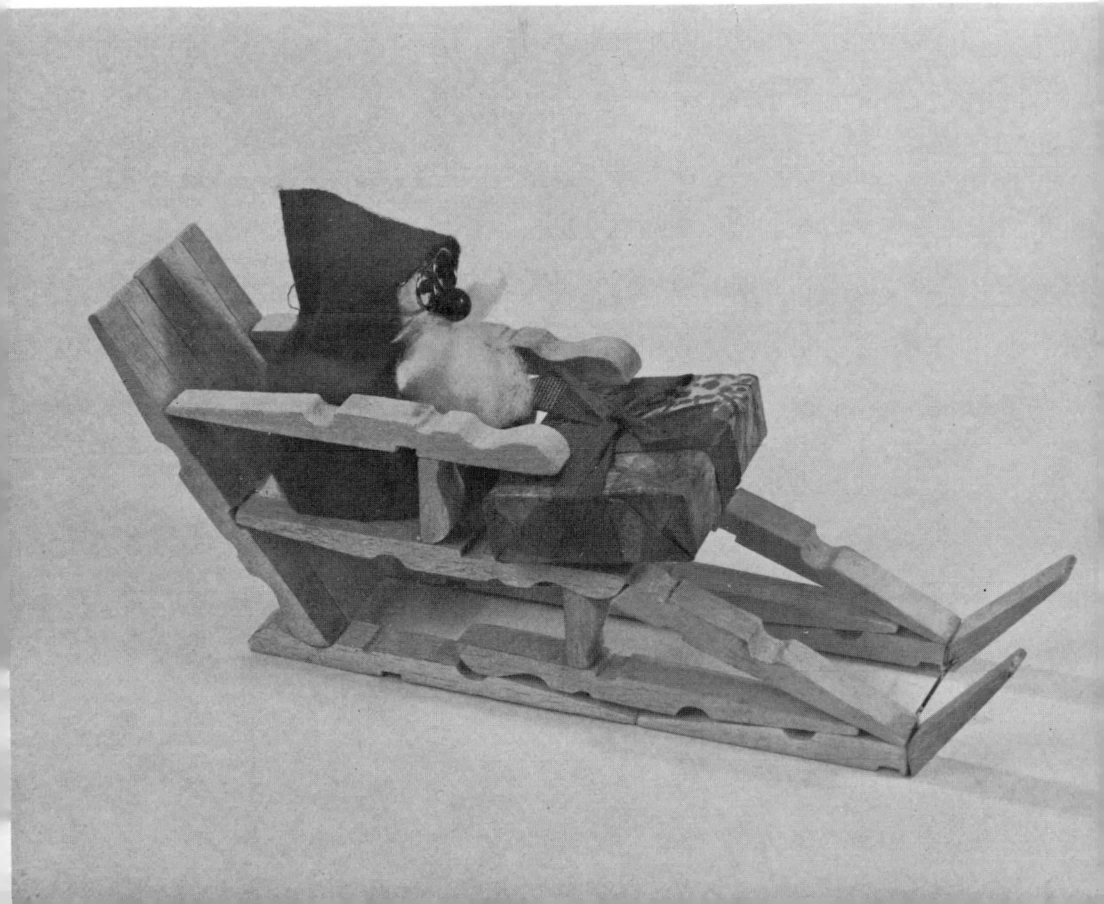

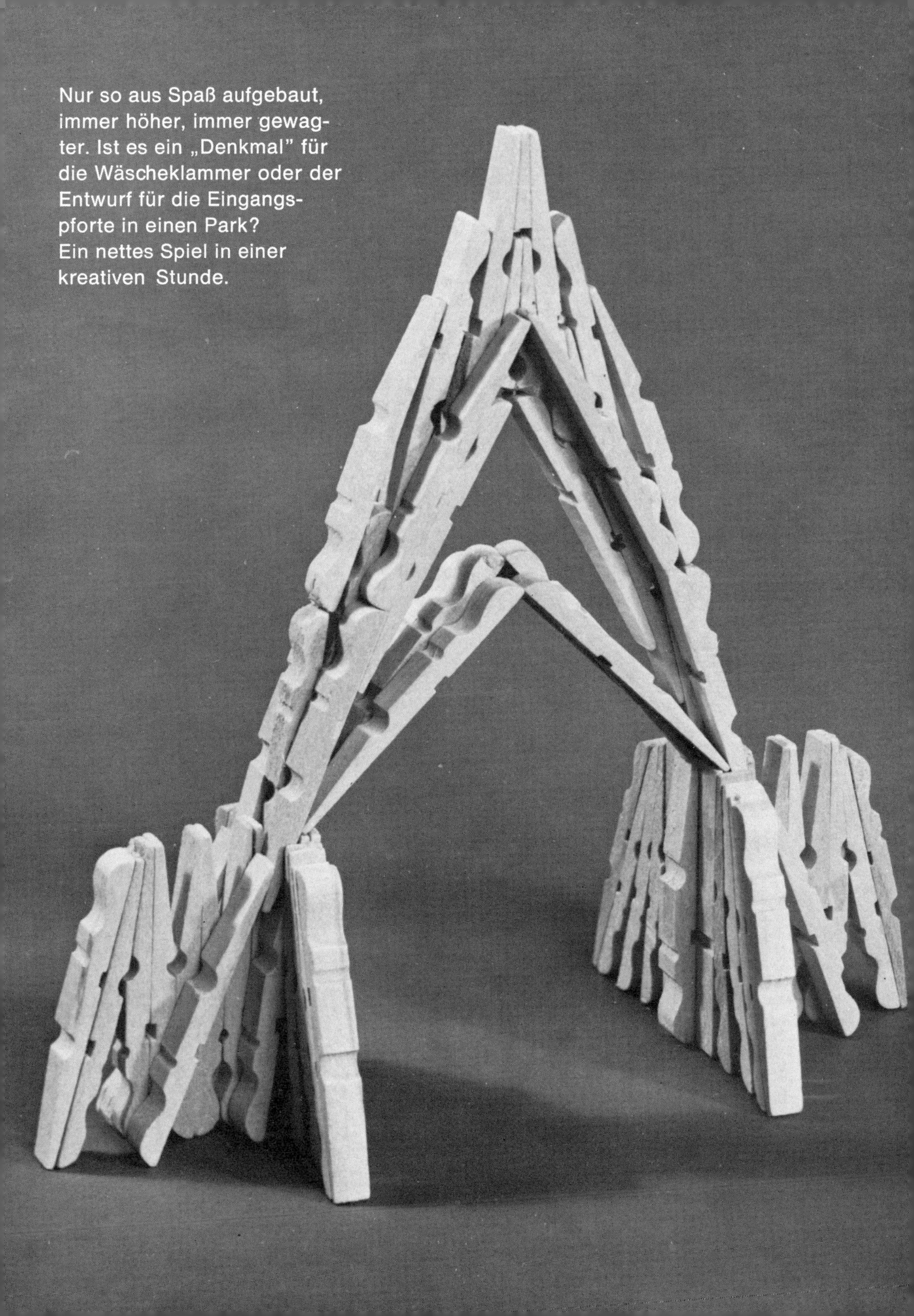

Nur so aus Spaß aufgebaut, immer höher, immer gewagter. Ist es ein „Denkmal" für die Wäscheklammer oder der Entwurf für die Eingangspforte in einen Park? Ein nettes Spiel in einer kreativen Stunde.

Kerzenhalter

Eine nette Geschenkidee, die leicht zu realisieren ist, ob als Partylicht oder als Untersatz für eine Kugelkerze. Die beiden Vorschläge wollen zu eigenen fantasievollen Modellen anregen.

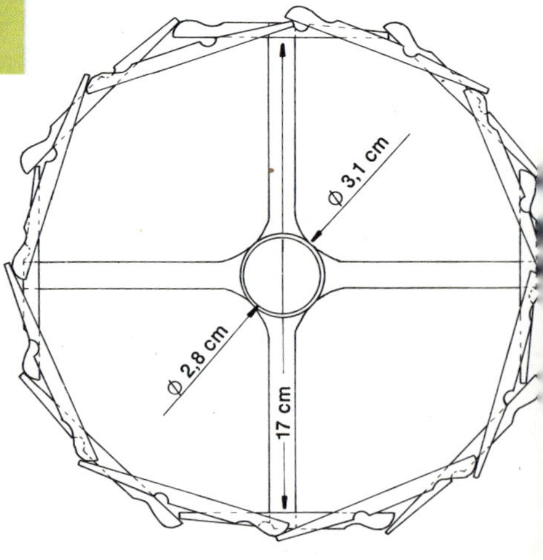

Ein Lampenschirm, der vielen gefallen wird

Auf einer Arbeitsplatte zeichnen wir ein Achteck auf: die Kantenlänge ist genau so lang wie eine Klammer. Nun

werden 8 Halbklammern auf diese Achteckform provisorisch geklebt. Das nächste Klammerachteck wird — wie das Bild zeigt — über Eck geleimt. So folgen 20 Lagen übereinander. Nach dem Trocknen wird der Lampenschirm mit einem Messer von der Arbeitsplatte gelöst.

Das Lampenkreuz wird aus Sperrholz gesägt und unter den Schirm geleimt. Die Maße sind aus der Zeichnung ersichtlich.

Eindecker mit Kufen
Ein solches Modell zu bauen, macht besonderen Spaß. Im Foto sieht man, wie im Rumpf eine Flasche steckt, um die herum die Klammernteile geklebt wurden. Es ist erstaunlich, was für fantasievolle Spielzeuge sich aus Wäscheklammern herstellen lassen.

Doppelrumpfboot (Katamaran)

Zum Bau legen wir bereit: 18 Klammerteile, 1 Rundstab 6 mm Durchmesser und 18 cm lang, 2 Rundstäbe 3 mm Durchmesser und 10 bzw. 20 cm lang. Ein bunt bemalter Zeichenkarton dient als Segel.

Segelschiff

Es ist nach dem Foto leicht nachzubauen, denn jede einzelne Wäscheklammer ist deutlich sichtbar. Man braucht dazu: 14 Wäscheklammernpaare und 7 Klammernteile. Auch hier wird das Segel aus Papier oder Zeichenkarton bunt bemalt.

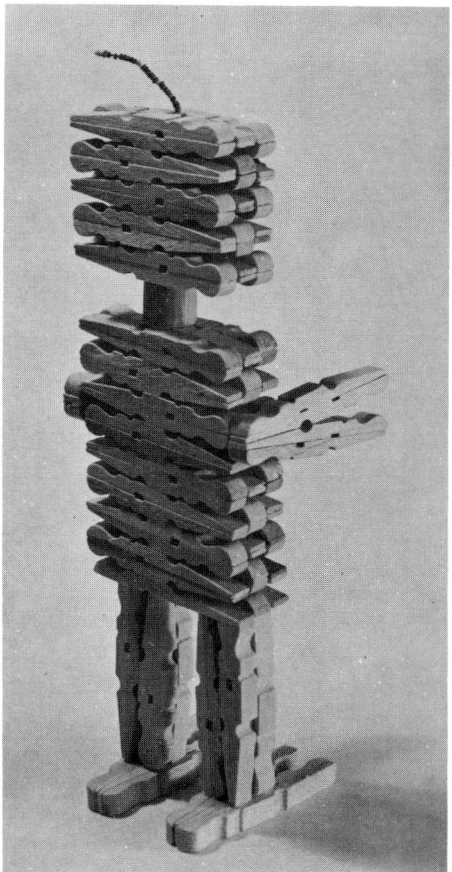

Schiffe für ein Mobile
Solche Einfälle machen Spaß: nur zwei Wäscheklammern, und doch ist der Eindruck eines dahinsegelnden Schiffes perfekt. Für ein Mobile sollte man mindestens 5 Schiffe bauen. Jedes Segel hat eine andere Farbe.

Ein Roboter aus dem Wäschekorb . . .
Der kleine Michael könnte träumen: plötzlich formen sich 51 Wäscheklammern zu einem Roboter mit Scherenarmen und seltsamen Füßen. Der massige Kopf hat Augen wie Scheinwerfer und der kantige Körper wirkt mit seinen bunten Kugeln wie eine Schaltzentrale. Auf dem Kopf die Antenne; sie empfängt Befehle.
Ein solches Spielzeug weckt schon beim gemeinsamen Basteln die Fantasie und regt zu 1001 Fragen an.

Gewürzbord zu Mutters Geburtstag

Grundplatte (29,5 x 9 cm) und Rückwand (29,5 x 15 cm) sind aus Sperrholz.

Den Aufbau zeigt das Foto deutlich genug. Beim Zusammenleimen ist auf Festigkeit zu achten, denn ein halbes Dutzend Gewürzgläser sind nicht leicht. Die Frontplatte (4 übereinandergeklebte Halbklammern, teilweise ineinandergeschoben) bietet sich für eine dekorative Gestaltung an.

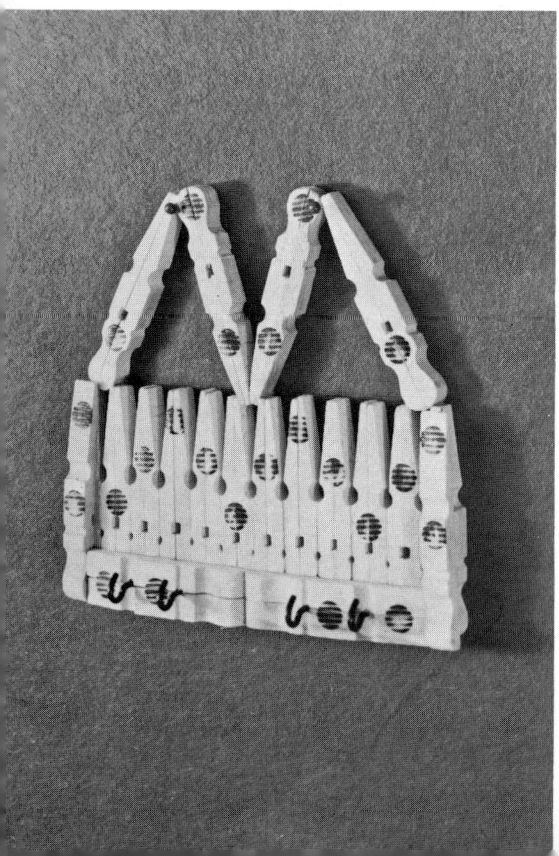

Ein Schlüsselbrett für die Tante

Dieses einfache Modell — man braucht nicht einmal 20 Wäscheklammern dazu – soll zur Verwirklichung eigener Ideen anregen. Ein Schlüsselbrett ist außerdem immer ein willkommenes Geschenk, das sich mit Wäscheklammern auf vielerlei Art gestalten läßt. Die Verzierung richtet sich auch nach der Wand an der das Schlüsselbrett hängen soll.

Ziermantel für runde Gefäße

Diese Grundform wird auch für Blumenübertöpfe verwendet. Den Boden bildet eine Holzscheibe; ihr Durchmesser richtet sich nach der Verwendung. Der Ring im oberen Teil bringt Festigkeit. Bei Flaschen und Becher wird man die Abstände zwischen den Teilen enger halten als bei Blumenübertöpfen.

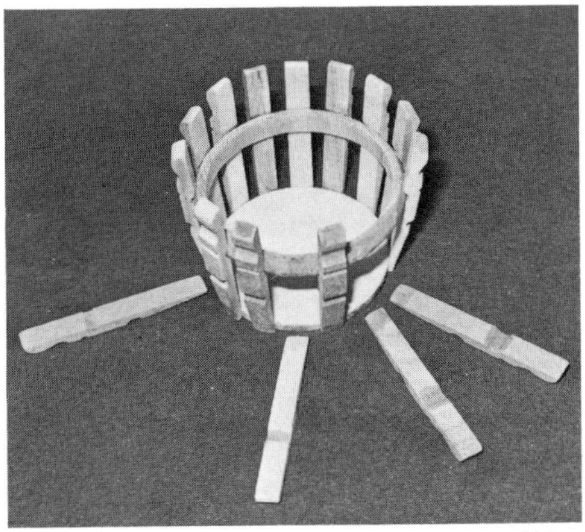

Windmühlen

Die alten Windmühlen wurden fast alle aus Holz gebaut. Für fantasievolle Modelle bieten sich die Wäscheklammern geradezu an. Naturbelassen wirken sie am besten. Die abgebildete Mühle ist ein gutes Beispiel dafür, wie verschiedenartig man die einzelnen Wandelemente aus Wäscheklammern zusammenfügen kann.

Wandbild

Man sollte bei der Gestaltung eines Wandbildes manches dem Zufall überlassen. Einfach eine Handvoll Wäscheklammern auf eine dunkle Unterlage werfen und damit „spielen". Irgend eine Form wird sich ergeben — der dunkle Hintergrund gibt den nötigen Kontrast zu den hellen Holzklammern und läßt so die Ansätze zu einer Form rascher erkennen.

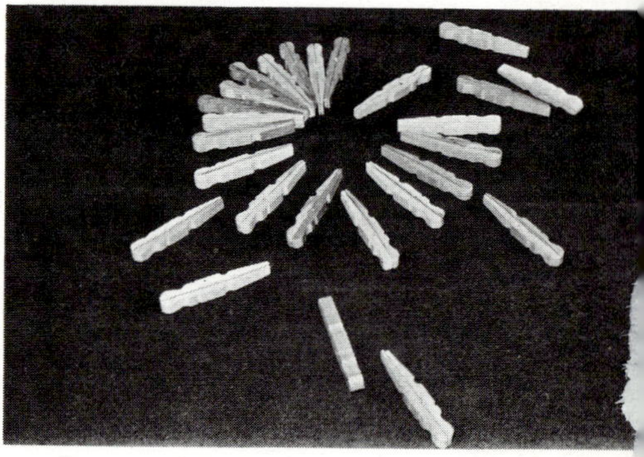

Der Aufbau beginnt mit einer Rosette aus etwa 25 Wäscheklammern. Darauf kleben wir ein Fünfeck, 6 Reihen hoch. Die Halbklammern liegen versetzt gegeneinander. Auf dieses Fünfeck kommt eine weitere Rosette aus etwa 19 Klammern. Dann wird das Geländer aus 2 x 7 Halbklammern angeleimt.

Der weitere Aufbau: ein Viereck aus 4 x 5 Halbklammern. Das Dach besteht aus je 8 nebeneinander geleimten Halbklammern. Für die Windmühlenflügel genügen 8 Halbklammern und 2 Sperrholzscheiben mit etwa 2,5 cm Durchmesser.

Ein ganzer Zoo aus Wäscheklammern

Die Fotos auf diesen Seiten werden dazu anregen, viele Tiere mit Wäscheklammern nachzubilden. Es ist nicht immer leicht, das Charakteristische eines Tieres mit diesen einfachen Mitteln darzustellen. Kinder machen dies mit Fantasie und Begeisterung.

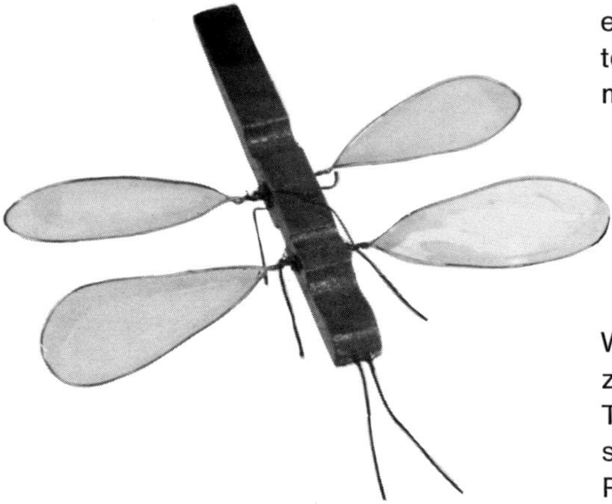

Wie wenig kompliziert es sein kann, zeigt das Foto mit den verschiedenen Teilen, aus denen das Krokodil besteht.
Poppig angemalt wirken diese Tiere besonders lustig.

Pfau

Eine Styroporhalbkugel bildet den Körper, eine Holzkugel den Kopf. Die Schwanzfedern wurden hier mit bunten Spielmarken verziert.

Vorsicht beim Kleben von Styropor, Szezialkleber verwenden!

Wie „rund" muß ein Riesenrad sein?

Die Konstruktion des Riesenrades zeigt der vergrößerte Ausschnitt in allen Einzelheiten. Sicher eine gute Anregung, ähnliche Spielzeuge zu konstruieren.
Dieses Riesenrad sollte bunt bemalt und mit fröhlichen Ornamenten geschmückt werden.
Als Material braucht man dazu: 94 Halbklammern, 1 Holzkugel, 1 Rundstab 20 x 2 cm, 1 Rundstab 10 x 1 cm.

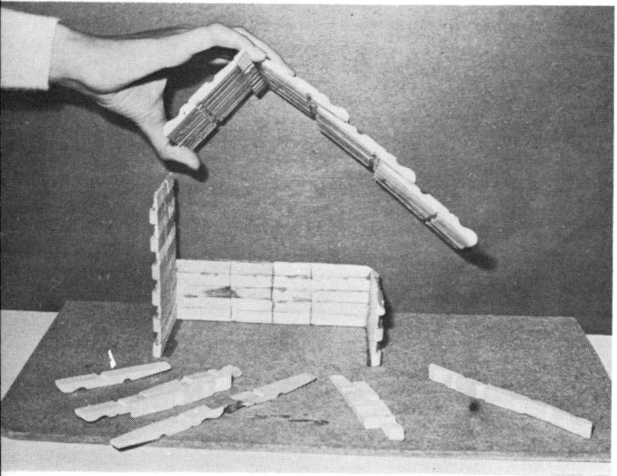

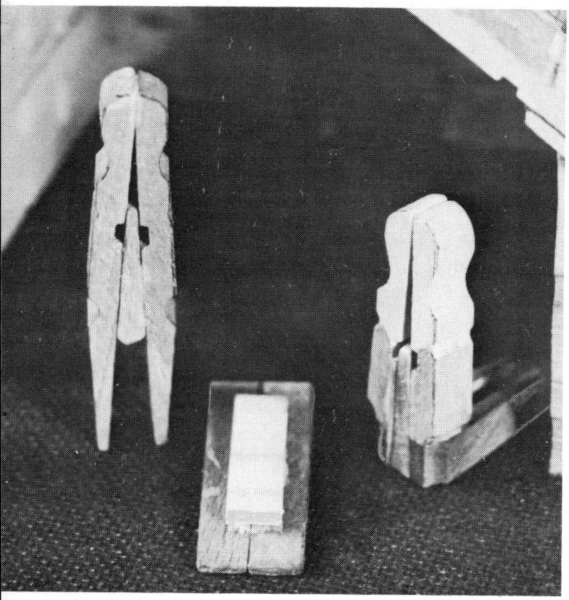

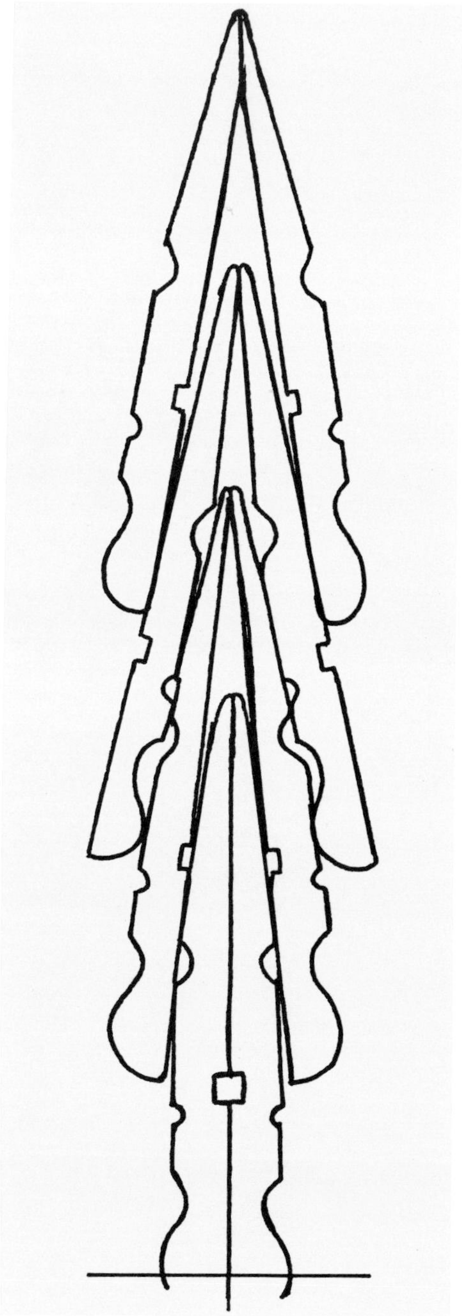

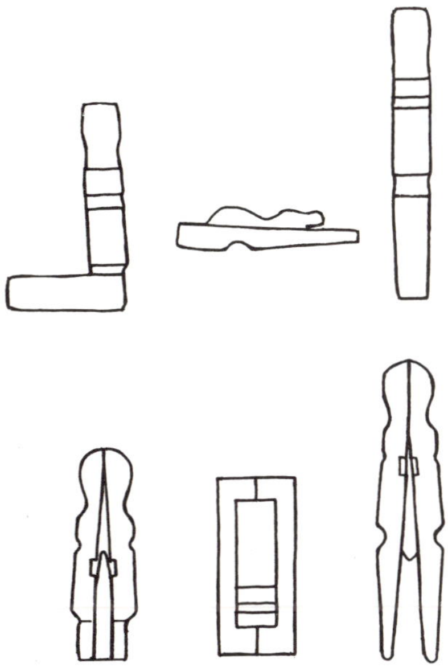

Weihnachtskrippe

Das 5 mm starke Grundbrett mißt 25 x 40 cm. Für das Dach werden 4 Rechtecke, je 12 Halbklammern, nach oben zusammengeleimt. Die Mauern, versetzt geleimte Halbklammern, werden auf dem Grundbrett befestigt. Wie die übrigen Elemente zusammengesetzt sind, auch die originellen Krippenfiguren, zeigen die Fotos und Zeichnungen.

Wochenendhaus

Brunnen mit Spieluhr

Gebraucht werden dazu: 50 Halbklammern, Sperrholzbrett 4 mm, 9 x 13,5 cm, 2 Brettchen 2 x 3,5 cm.

Dach: je Seite 16 Halbklammern mit Profil nach außen. Mit der flachen Seite nach oben rechtwinklig zusammenleimen. Als Unterlage Sperrholzbrettchen 5 mm, 9 x 13,5 cm von unten anbringen.

Stützbalken: je 8 Halbklammern paarweise zusammenleimen. 2 Paare ergeben 1 Stützelement, 2 x 2 Paare sind ein Stützbalken. Unten Verstärkung durch 2 Brettchen 2 x 3,5 cm.

Brunnentrog: siehe Seite 6.

Grundbrett: Anleitung für die Rosette auf Seite 31.

Eine Attraktion ist das im Brunnendach eingebaute Spieluhrwerk. Als Geburtstagsgeschenk besonders geeignet.

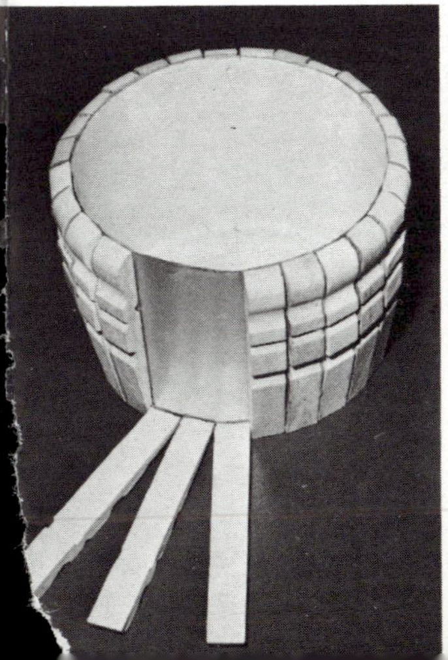

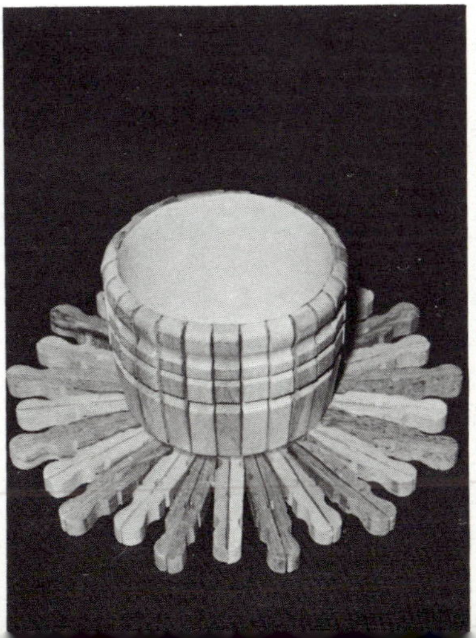

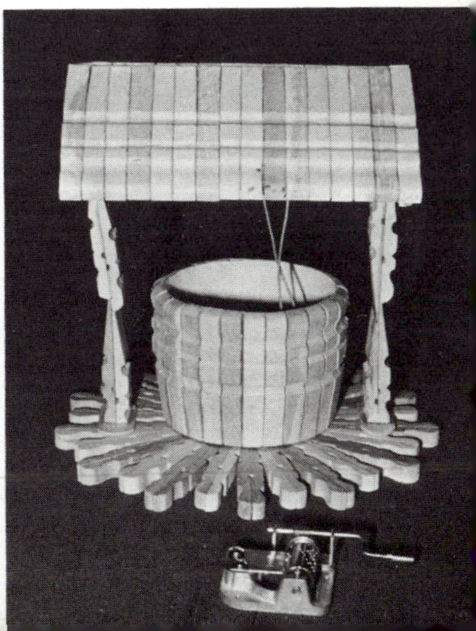

Wandspiegel
Als Unterlage dient ein Holzteller, auf den ein Taschenspiegel und die Halbklammern geklebt werden. Jedes zweite Klammerteil ist gekürzt.